إلى من علمتني معنى الصداقة
قبل أن ترحل...
إلى أنجيلا، اشتقت لك كثيرًا

♡
هالة

دار جامعة حمد بن خليفة للنشر
صندوق بريد 5825
الدوحة، دولة قطر

www.hbkupress.com

الطبعة العربية الأولى عام 2020

الترقيم الدولي: 9789927141638

تمت الطباعة في الدوحة-قطر.

مكتبة قطر الوطنية بيانات الفهرسة – أثناء – النشر (فان)

أبو سعد، هالة، مؤلف.

تيتا مريم والهريس : حكايات أنجي / تأليف هالة أبو سعد ؛ رسوم علي الزيني. الطبعة العربية الأولى. - الدوحة : دار جامعة حمد بن خليفة للنشر، 2020.

صفحة ؛ سم
تدمك: 978-992-714-163-8

1. الطهي -- قصص للأطفال. 2. قصص الأطفال العربية. أ. الزيني، علي، رسام. ب. العنوان.

PZ10.731.A28 2020

793.737 – dc23

202027991325

حكايات أنجي

قيتا مريم والهريس

تأليف: هالة أبوسعد
رسوم: علي الزيني

دار جامعة حمد بن خليفة للنشر
HAMAD BIN KHALIFA UNIVERSITY PRESS

تَكثُرُ زياراتُ أنجي ورفاقِها إلى بيتِ الجدَّةِ مريمَ ، خلالَ عطلةِ الصيفِ.

يستمْتِعونَ بِقصصِهَا المشوِّقةِ عنِ الملكاتِ والأميراتِ في القصورِ البعيدةِ.

كانتْ قصةُ تيتا مريمَ هذهِ المرةَ منْ أجملِ قصصِهَا.

فقدْ حكتْ لهُمْ عنْ أميرةِ البحارِ وبئرِ الأسرارِ. واستمعُوا إليْها بشغفٍ وحماسٍ.

حينَ ودَّعتْ أنجي ورفاقُهَا تيتا مريمَ، وشكروهَا على القصةِ المُمْتعةِ، تمنَّتْ عليهمِ البقاءَ معها.

وقالتْ لهُم: «**لا تذهبُوا يا أحِبائِي، فوُجودكُمْ يسلِّينِي**».

لذلكَ دعتْهَا أنجي لِمرافقتِهَا إلى بيتِ جدتِها.

لكنَّ تيتا مريمَ أخبرتْهَا أنَّ همَّتَها على السيرِ صارتْ ثقيلةً.

وهمستْ لهَا مبتسمةً: «**القططُ تشغلُ وقتي وتسلِّيني**».

أثناءَ عودتِهَا إلى المنزلِ، مرَّتْ أنجي ورفاقُهَا منْ أمامِ بقالةِ العمِّ نوَّافٍ.

كانتْ مشاعرُ الأسَى تِجاهَ تيتا مريمَ لا تزالُ ترافقُهَا، حينَ وقعَ مَا لمْ يكنْ في الحُسبانِ.

إذ رأتْ شقيقَهَا جوادًا على دراجتِهِ، يرتطِمُ بصناديقِ الفواكِهِ، وأكياسِ الحبوبِ أمامَ البقالةِ، ويقعُ أرضًا.

لم يُصَبْ جوادٌ بأذىً، وتأسَّفَ للعمِّ نوّافٍ. ثمَ أخذَ حبَّةَ قمحٍ منَ الكيسِ الكبيرِ وأكلَهَا.

قالَ العمُّ نوافٌ باسِمًا: «**يبدو أنَّ أخاكِ يحبُّ القمحَ يا أنجي**».

فردَّتْ ضاحِكةً: «**سأُهديهِ باقةً منْ سنابلِ القمحِ في عيدِ ميلادِهِ**».

ضحكَ العمُّ نوافٌ أيضًا، وقالَ: «**إذًا عليكِ أنْ تُعدِّي لهُ الهريسَ، بدلَ قالَبِ الحلْوى**».

سألتْهُ أنجي مُستوضِحةً: **«ما الهريسُ؟»**

ردَّ العمُّ نوَّافٌ: **«في مثلِ هذا الوقتِ منَ السنةِ، ومعَ انتهاءِ حصادِ القمحِ، كنَّا نُقيمُ حفلَ هريسٍ».**

وأوضحَ لهَا: **«نسلقُ القمحَ معَ اللحمِ، ونُضيفُ إليهِ البُهاراتِ المناسبةِ».**

عندهَا هتفتْ أنجي: **«وجدتُهَا!... هيَّا اتْبعونِي».**

لمْ يستطِعْ أحدٌ مجاراةَ سرعتِهَا بالمشْي.

وتمكنَ جوادٌ وحدَهُ منْ ذلكَ، والفضلُ يعودُ للدراجةِ بالطبعِ!

سألَتْهَا صديقتُها رزانُ: «**لِمَ هذهِ السرعةُ؟ ما الأمرُ؟!**»

فقالَ جوادٌ: «**يبدو أنَّ الجوعَ هوَ السببُ**».

ردتْ أنجي ضاحِكةً: «**قلْ لِنفسِكَ هذا الكلامَ، فأنتَ منْ يُمسِكُ بطنَهُ منَ الجوعِ**».

بالكادِ التقطتْ أنْجي أنفاسَهَا عندَ وصولِهَا للبيتِ.

وبحماسةٍ مُفرطةٍ، راحتْ تُخبرُ جدَّيْها ورفاقَهَا عنْ حفلِ الهريسِ.
إنَّهُ حفلٌ تنْوِي إقامتَهُ لإسعادِ تيتا مريمَ.

وتابعتْ بصوتٍ رقيقٍ: **«لأنَّها لا تستطيعُ مغادرةَ منزلِهَا، سنُقيمُ الحفلَ عندهَا».**

فرحتْ تيتا مريمُ حينَ أخبرتْهَا أنْجي عنْ حفلِ الهريسِ.

وازدادتْ فرحًا حينَ علِمتْ أنَّ الحفلَ سيقامُ في بيتِهَا. وقالتْ لأنجي:
«اشتاقتْ جُدرانُ البيتِ للفرحِ. فزُوَّاري قلَّ عددُهُم بمرورِ الوقتِ».

حضنتْ أنجي الجدَّةَ، وطمْأنتْهَا بأنَّ البيتَ سيضجُّ بفرحٍ عامرٍ يومَ الحفلِ.

وأخبرتْهَا أنَّهَا ستُرتِّبُهُ بِمُساعدةِ شقيقِها جوادٍ، وصديقِ طفولتِهَا داني،
وصديقتِهَا العزيزةِ رزانَ وغيرِهِمْ.

قدَّمَ جدُّ أنْجي المساعدةَ على طريقتِهِ. وأخذَ موافقةَ جارِهِ أبي جهادٍ على حضورِ أحفادِهِ وأصدقائِهِمْ عمليةَ الحصادِ.

تجمَّعَ الأصدقاءُ في اليومِ التالِي، واتَّجهوا إلى بيدرِ القمحِ.

وراقبُوا حصادَ القمحِ بالمنجلِ، وربْطَ السنابلِ في باقاتٍ، وجمعَهَا.

خلالَ النهارِ، اشتدَّ السعالُ على رزانَ، بِسببِ إصابتِهَا بالربْو.
وعادتْ إلى البيتِ، بعدَ أنْ نالَ منْهَا التعبُ.

ساعدَ الباقونَ العمَّ أبا جهادٍ في نقلِ القمحِ لدرْسِهِ، أيْ فصلِ حباتِ القمحِ عن القشِّ.

وفي نهايةِ اليومِ، منحَهُم كميةً منَ القمحِ تكفِي لحفلِ الهريسِ، مُكافأةً لهمْ على تقديمِ العونِ.

أتَى اليومُ المنشودُ.

حضرتْ أنْجي إلى بيتِ تيتا مريمَ باكرًا.

جلبتْ معهَا آلةَ التصويرِ. وراحتْ تلتقطُ صورًا للجدَّةِ معَ قططِهَا، وفي غُرفِ بيتِهَا القديمِ.

وساعدتْهَا في تسريحِ شعرِهَا، وترتيبِ هِندامِهَا قبلَ وصولِ الزُّوارِ.

طهَتْ جدَّةُ أنْجي وجارتُها هريسَ القمحِ واللحمِ في ساحةِ الحيِّ.
وتحلَّقَ الجيرانُ والأصدقاءُ حولَ القِدْرِ الكبيرِ فوقَ موقدِ الحطبِ.
وحينَ نضجَ الهريسُ نقلوهُ إلى منزلِ تيتا مريمَ.

أكَلَ الجميعُ الهريسَ، وأجْمعُوا على أنَّهُ منْ أطيبِ الأكلاتِ الشعبيةِ.

أمضَوا أوقاتًا جميلةً برفقَةِ تيتا مريمَ. وتعاهَدوا على تكرارِ الاحتفالِ في منزلِهَا بمناسباتٍ أُخرَى.

ذكَّرتْهُم أنجي بأنَّ جلساتِ القصصِ والحكاياتِ مع تيتا مريمَ لنْ تتوقفَ أبدًا.

فتحتْ تيتا مريمُ ذراعيْهَا، وعانقتْ أنْجي، وشكرتْهَا على اقتِراحِهَا المُذْهلِ.